¿Dónde está mi paraguas?

Resolver el problema

Dalton Blaine

COMPUTACIÓN CIENTÍFICA EN EL MUNDO REAL™

Rosen Classroom™

Empieza a llover.

Necesito mi paraguas.

¡Perdí mi paraguas!

Lo busco en la cocina.

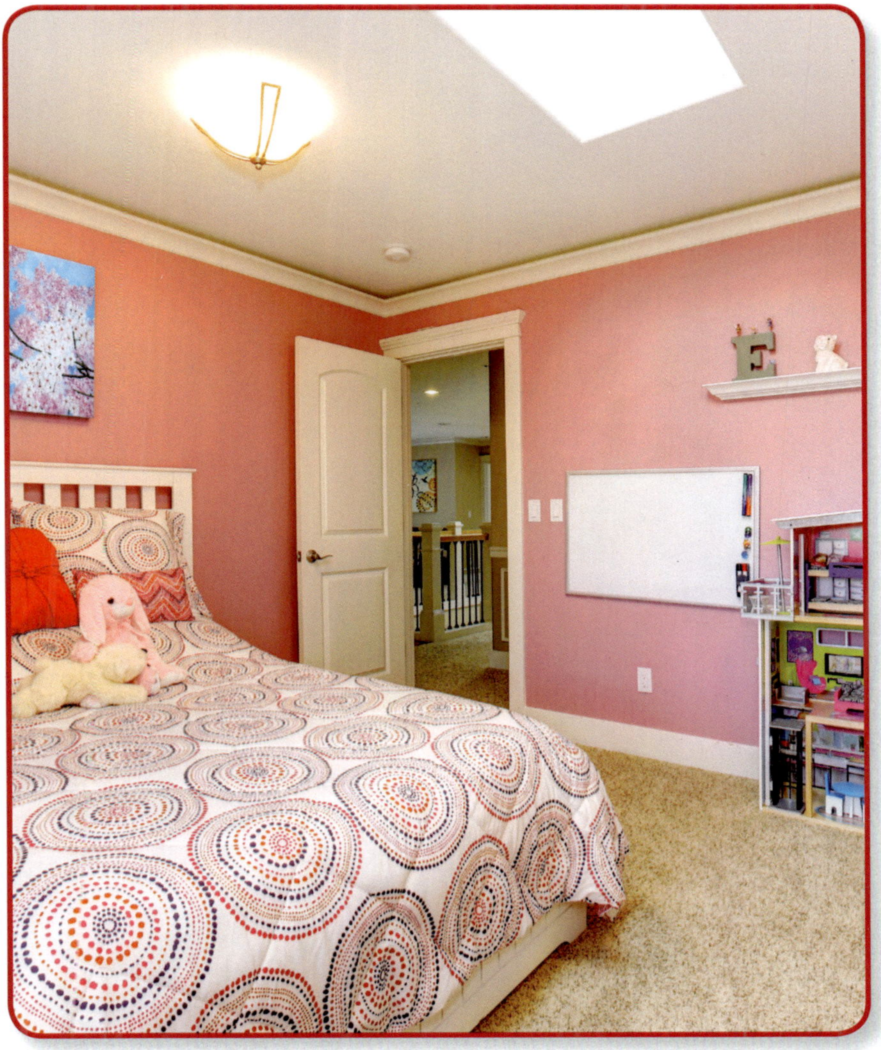

Lo busco en el dormitorio.

Lo busco en el closet.

¡Por fin encontré mi paraguas!

Palabras que debes aprender

(el) dormitorio

(el) closet

(el) paraguas